revisione dei testi: Lorenza Stroppa
editing: Francesco Santi
grafica: Vanessa Collavino

prima edizione: novembre 2021

via Cesare Beccaria, 17 – 30026 Portogruaro (Ve)
tel. 0421.74475 - fax 0421.280065
www.ediciclo.it
ufficio.stampa@ediciclo.it

ISBN: 978-88-6549-387-8

che **tipo di ciclista** sei?

testi e disegni di
Fabio Consoli

edicicloeditore

Indice

A Claire e Samu,
mi avete dato l'equilibrio,
ma la bici l'ho messa io.

La vita è come una bicicletta
con dieci rapporti.
Tutti noi abbiamo rotelline
che non usiamo mai.

Charles Schulz

Quando il morale è basso,
quando il giorno sembra
buio, quando il lavoro diventa
monotono, quando ti sembra
che non ci sia più speranza,
monta sulla bicicletta e pedala
senza pensare a nient'altro
che alla strada che percorri.

Arthur Conan Doyle

Prefazione

«Siete sicuri che si possa fare?» dice Sofia con voce incerta.

«I bambini della via accanto lo hanno fatto e sono tornati a casa sani e salvi» dice Marco.

«Se lo hanno fatto loro allora possiamo farlo anche noi. Proporrei di arrivare in bici fino al laghetto artificiale, da lì nuotiamo fino all'altra riva, poi corriamo fino al cancello» dice Pino già con maschera e pinne.

«Tu sei fuori» dice Sofia mentre si massaggia i piedi. «Io vengo solo se mi portate a spalla».

«Si potrebbe salire fino alla grande collina e scendere dritti dritti dal monte Cafca» propone Marco, che già pedala da fermo.

Giangiorgio ha il fratellino piccolo legato alla schiena con una fascia. «Non è un giro da fare in famiglia» commenta scuotendo la testa.

«Facciamo il vecchio sentiero» dice con tono marziale Matteo, che dall'alto dei suoi undici anni detiene il titolo di capo. In passato ci fu una disputa, tra Marco e Matteo, quasi coetanei, ma al comparire dei primi peli di Matteo sulle ascelle, la sua autorità non venne più messa in discussione.

Partiamo compatti, ma dopo solo pochi minuti, il gruppetto comincia a disgregarsi. Alla seconda curva Angela si ferma a raccogliere margherite, salva uno scarabeo cappottato a pancia in aria e convince uno stormo di rondini a trasportarla in volo fino alla meta.

Dopo una facile discesa arriviamo alla baia dell'Abbaio. Il gruppo si ferma all'ombra di una grande quercia e si fa "amblibetta paletta paletta" per decidere chi andrà per primo. Esce Sammy, alto, pallido, ciuffo inamidato e con il corpo pieno di tatuaggi fatti con la Bic durante l'ora di matematica.

Con le gambe tremolanti riesce a malapena a far girare i pedali. Si sente un ringhio disumano, come una valanga. Poi un altro, più grave e ancora più potente. I due rottweiler avanzano al galoppo, io mi nascondo dentro il tubo della sella, Gianni scava una fossa e si seppellisce, portandosi così avanti con il lavoro. Ma Sothis fa un passo in avanti, apre le braccia ed emana una forte luce viola, che irradia e abbronza. La sua mente è in contatto con quella delle due belve, che immediatamente scodinzolano come dei cuccioli di labrador. Per farsi perdonare, i due molossi ci scortano fino al lago, dove ci aspetta la prova più difficile, il guado della pozza di Scarica. Mentre tutti noi osserviamo timorosi la grigia palude, Pino si tuffa e fa sei volte avanti e indietro, sbatte la testa su una vasca da bagno mezz'affondata e quasi annega.

Iceberg di frigoriferi abbandonati, lavatrici e vecchi pneumatici galleggiano alla deriva. Girolamo, detto Ispettore Gadget, sparisce tra i cumuli di spazzatura e con una tettoia di lamiera, una dinamo e un vecchio ventilatore costruisce un overboard che ci trasporta dall'altra parte della palude ai cento all'ora.

È ora di merenda e lo stomaco si fa sentire. Pedaliamo con i morsi della fame e dei ratti che ci hanno attaccato durante la traversata. Siamo davanti al Boscompatto. Il Boscompatto è una foresta inestricabile, gli alberi stanno uno accanto all'altro stretti stetti che non passa nemmeno l'aria. Le foglie sono pressate con dentro un sigaro cubano e gli uccelli volano dentro gallerie scavate tra i tronchi.

Girolamo Ispettore Gadget tira una molotov fatta con il grappino rubato al padre. La foresta adesso sembra una partita di Mikado e riusciamo a passare senza toccar nulla. Matteo fa muovere un tronco e per penitenza deve ripartire da zero.

Siamo lì a fissarla, chi avrà il coraggio di entrare?

Si è fatta notte, la luna scintilla tra le cromature delle nostre bici, che nonostante tutto sono riuscite a portarci fin qui. La Casa Stregata ha conquistato la sua reputazione grazie a una grande campagna di terrorismo portata avanti dai ragazzi più grandi del quartiere, che vanno lì a fumare mozziconi di sigarette e a guardare le pagine del catalogo di biancheria intima strappate dal Postalmarket.

Ma noi siamo terrorizzati dalle storie di fantasmi senza testa, vecchie streghe e altre paurosità che si aggirano per quelle buie stanze.

«Se pensate che io metta piede lì dentro, vuoi siete tutti matti» dice Giangiorgio, mentre cambia il pannolino al fratellino.

«È troppo rischioso» aggiunge Matteo.

«Ce la possiamo fare» dico. «Siete dei cacasotto. Vado io, ma mi servono tre volontari».

«Per fare cosa?» chiede Angela.

«I volontari devono andar lì ed entrare dalla finestra, mentre io da qui dirigo i lavori». Ho un tono sicuro e autoritario.

Stranamente nessuno si fa avanti. Qualcuno propone di mandare Riccardo, il più grassottello del gruppo. La Strega mangia lui ed è sazia per tutta la settimana. Poi andiamo noi.

Sembra una buona idea e viene approvata ai voti. Purtroppo non si riesce a trovare Riccardo, che si nasconde dentro una collina di carte di merendine.

Marco allora dice: «Si va tutti insieme».

Siamo tutti in sella, allineanti all'inizio del vialetto, davanti al cancello mutilato. «Pronti a partire, al mio tre... Tre!».

Primo giro di pedale e ci fermiamo. La casa è illuminata da forti lampade, musica dance e gruppetti di adolescenti che si riversano nel prato davanti all'ingresso.

Quello che avete appena finito di leggere è il ricordo di un fatto realmente accaduto. Forse Angela non è volata via insieme alle rondini, ma i personaggi e i tipi di ciclisti allora c'erano già tutti: il Sognatore, il Family Biker, la Naturalista, l'Avventuriero, il Mangia&Bevi e altri ancora.

Posso dire che in diversi momenti della mia vita ho fatto parte di quasi tutte le categorie di ciclisti descritti nel libro e tutt'oggi mi rivedo contemporaneamente in buona parte di essi.

Questo libro è per me un omaggio alla bicicletta, che mi ha fatto conoscere buona parte dei miei grandi amici e mia moglie, che mi ha regalato gioie e ingessature. Io e la mia bici abbiamo scalato insieme gli altipiani tibetani a cinquemila metri che quasi ci restavo secco. Abbiamo attraversato l'Alaska, la terra degli orsi e delle zanzare. Abbiamo sofferto nelle desolate lande della Mongolia, abbiamo mangiato cous cous nelle tende berbere e abbiamo preso la dissenteria (questa l'ho presa solo io). Ci siamo emozionati davanti alla bellezza di un fiore carnivoro nella giungla del Madagascar. Abbiamo lottato per restare in piedi sotto i forti venti della Patagonia, siamo scampati alla carica di un elefante e salutato un leone da sotto un albero. Insieme abbiamo fatto provare a mio figlio l'ebbrezza della velocità quando ancora neanche sapeva camminare. E, cosa che ha del miracoloso, nelle grigie giornate invernali abbiamo reso quasi bello il noioso tragitto per andare al lavoro. Grazie Bici.

che **tipo di ciclista** sei?

Il Salitomane

Il Salitomane è una delle categorie più temute tra i ciclisti.

Metà uomo metà capra, è composto esclusivamente da potenti muscoli avvolti dentro un sottile strato di pelle.

Il Salitomane solitamente è bicolore: braccia e gambe color mogano, tutto il resto bianco latte.

Per andar forte in salita, si sa, bisogna pesar poco ed è per questo che l'arrampicatore è ossessionato dalla ricerca della leggerezza.

Porta capelli e barba rasati e nonostante abbia il peso specifico del cotone idrofilo, taglia le unghie prima di ogni giro.

Un vero Salitomane sperimenta modi e materiali per avere una bici leggera, leggerissima.

Si narra che una setta avanguardista stia lavorando in segreto a delle bici fatte di carta velina e un impasto di farina integrale.

Ma la ricerca estrema della leggerezza può causare instabilità, voci da bar raccontano la storia di Beppe, fuoriclasse locale, che in una giornata ventosa, poche curve prima del Gran Premio della Montagna, fu portato via dal vento come un palloncino.

Il Salitomane parla sempre seriamente e quando dice alla moglie: «Amore, esco a fare due passi» si riferisce allo Stelvio e allo Zoncolan.

Un irreprimibile spirito agonistico è la caratteristica imprescindibile del Salitomane.

Affronta ogni salita come se fosse il passo decisivo del suo ultimo Tour de France, strizzando ogni briciolo di energia dal suo corpo disidratato.

Ogni essere a pedali sulla strada è Il Nemico e deve essere raggiunto e superato. Uomo, donna, bambino sul triciclo, non si fa distinzione.

Ultimamente però, sono stati riscontrati gravi traumi psicologici da parte di salitomani superati da allegre signore di mezza età in sella a potenti bici elettriche.

Anche il più temibile e agguerrito Salitomane ha un punto debole: la pianura.

La pianura sta al Salitomane come la criptonite sta a Superman.

Per cercare di sopravvivere in questo ambiente ostile, in attesa delle grandi salite, lo scalatore succhia la ruota del compagno e finge di essere fuori forma. Quando è il suo turno di star davanti, per saltare l'ingrato compito, risponde a finte chiamate della moglie, finge crampi e svenimenti.

Gianni, scalatore di Belluno, sostiene che la parola pianura venga dal latino e che significhi «andare piano fino a quando non comincia la salita». A sostegno del pregiudizio sui ciclisti e in particolare sui salitomani che tutto il tempo da loro passato in sella sia stato sottratto ai libri, una volta chiesi a Gianni se avesse mai studiato latino e lui si esibì in due passi di Salsa e Merengue. Ma non si può fare di tutta l'erba un fascio.

Sembra scontato che il ciclista scalatore debba vivere in una zona montuosa o collinare, ma nella letteratura da bar, ci sono stati dei casi di ciclisti scalatori trasferiti in pianura.

Lorenzo veniva chiamato Il Cervo, non si sa bene se per le sue qualità in salita o per aver lasciato troppo tempo la moglie da sola. Passava le sue giornate facendo su e giù dal passo Pordoi, tanto che oramai aveva fatto il solco e saliva incastrato come un tram.

Un giorno gli fu comunicato il trasferimento in una fabbrica di Melegnano, in piena Pianura padana.

Dopo un primo momento di elaborazione del lutto, gli fu chiaro che non avrebbe potuto accettare. Fu la moglie che lo obbligò ad andare, tranquillizzandolo del fatto che lei sarebbe rimasta ad aspettarlo da sola nel loro paesino di montagna e che di sicuro non si sarebbe annoiata...

Il mese seguente, Il Cervo cominciò la sua nuova vita orizzontale. E così fece anche sua moglie.

Perlustrò un'area di quattrocento chilometri quadrati senza fare un metro di dislivello. Noleggiò un elicottero per una vista più ampia, scandagliò le mappe dei satelliti americani e cinesi, ma niente da fare, tutto piatto.

Dopo mesi di tentativi prese una tormentata decisione: senza dirlo alla moglie, si licenziò dalla fabbrica e divenne portiere di notte in una rimessa sotterranea di automobili. Passò il resto dei suoi giorni a far su e giù dalla rampa d'accesso.

L'Avventuriero

L'Avventuriero colleziona timbri sul passaporto come fossero farfalle impagliate. Scopo ultimo dell'Avventuriero è riempire ogni pagina del passaporto che custodisce come il sacro Graal. Nella fase organizzativa, per arrivare dal punto A al punto B, il percorso migliore è quello con più dogane.

Se per caso due Avventurieri si incontrano scatta la competizione. Si contano i timbri e in caso di pareggio vince il nome più esotico. L'Avventuriero infatti sceglie la destinazione basandosi su un'equazione che unisce la complessità del nome e la distanza dal luogo di residenza. Luoghi distanti ma con nomi poco esotici vanno scartati a priori. Un buon metro di misura per la scelta della meta è il numero di consonanti. Per esempio Uzbekistan è un posto papabile. Azerbaigian non ha tante consonanti, ma siccome per pronunciarlo si devono fare tre mesi di logopedia, è un luogo molto gettonato.

L'Avventuriero è un cantastorie a pedali, gira di campeggio in campeggio narrando le sue gesta. Quando un incosciente osa chiedergli: «Sei stato in questo posto?» è la fine. Il mal capitato viene bloccato e sfinito con storie di mostri e forature, bilanci dettagliati dei chilometri e dislivelli. Le storie raccontate dall'Avventuriero sono spesso legate ai ridicoli costi della vita nei Paesi sottosviluppati. In generale a come trattare e spendere il meno possibile in luoghi dove il valore della bicicletta che ha sotto il culo è tre volte il guadagno annuo del venditore di banane a cui ha strappato lo sconto per sfinimento.

Volendo fare una diagnosi psicoanalitica, possiamo affermare che le forze motrici che spingono ogni singolo giro di pedale di ogni singolo Avventuriero di sesso maschile sono la ricerca della gnocca e dello sponsor.

Per mantenere questo testo fruibile ai

pedalatori di tutte le età e per non annoiare le care lettrici, sorvolerei la parte gnocchesca e mi concentrerei più sulla ricerca dello sponsor. Anche se la parte della gnocca svolge un grande ruolo motivazionale. Ma meglio non parlarne. Del resto se trovi lo sponsor la gnocca arriva di riflesso. Non a caso l'Avventuriero tipo è single o in cerca di relazioni extraconiugali. Ha l'ormone a palla o lo vuole far credere. In preda ai tormenti della crisi di mezza età, al posto della decappottabile sceglie la bici da viaggio, che fa ancora più giovane e garantisce alle possibili candidate geni sani e forti. Ma avevamo deciso di non parlarne, perciò torniamo agli sponsor.

E le Avventuriere donne? In questo caso il marketing è diverso. Spesso incentrato sui social, il messaggio subliminale che emerge dai post è: «Attento, uomo che guardi, ricordati che ho le palle più grosse delle tue» (e a volte è proprio vero). Navigando sulla pagina di una Avventuriera media, la foto mascolina è sempre seguita da una posa sexy, leggermente inclinata in avanti con una maliziosa vista sul décolleté. Il numero di like di questi scatti è secondo solo alle foto dei gattini.

Ma torniamo agli sponsor.

"Lo Sponsor" ti colloca in un'altra categoria. Da amatore passi a professionista, fai le cose sul serio. La legge da campeggio vieta competizioni tra gli sponsorizzati e gli amatori. In un eventuale scontro sarebbe come far giocare il Brasile con la Parrocchia Don Bosco. Entrare nell'Olimpo degli "sponsorizzati" però è difficile come far entrare di culo un cammello nella cruna di un ago.

Una pratica in voga tra gli aspiranti professionisti è l'autosponsorizzazione. Basta un amico o un parente con una qualsiasi partita IVA, un logo da stampare sulla maglia ed è fatta. Si comincia con "Panificio Chi mangia fa Molliche" e si spera di arrivare a The North Face.

"Gli sponsor" hanno capito il meccanismo e hanno cominciato a proporre magnifiche sponsorizzazioni truffaldine.

"The Big Bag", nota marca di borse da viaggio, prevede un piano di sponsorizzazione che consiste nell'acquisto di un set completo di borse con lo sconto del 10% sul listino ricaricato del 30%, più un bonus per click sul sito, diviso per la visibilità acquisita nell'anno solare, diviso per i chilometri e moltiplicato per le forature medie.

Una sera, davanti a un falò, ho assistito a un feroce duello tra due Avventurieri.

Attaccò Pino, di Brescia: «Patagonia, di giorno 30°C, di notte si va a 0, il fisico si debilita».

Gli rispose pronto Gigi, di Treviso: «Deserto di Atacama, di giorno 40°C, di notte -3°C, si rischia la polmonite perché si fa condensa. Capo Nord, vento gelido a 120 km/h, sinusite e dolori intercostali».

Ci fu una pausa. Pino, illuminato dal fuoco del falò, scosse la testa e disse, lapidario: «Alaska». Ci fu un mormorio sommesso di ammirazione, il rivale smontò la tenda e andò in un territorio neutro a lasciarsi morire di fame.

Il Triatleta

Tutti noi abbiamo un fondo di masochismo, quel piccolo sollievo che si prova dopo aver tolto un paio di scarpe scomode.

Il triatleta ama la fatica, la sofferenza, il dolore. Spesso vittima di un'iperattività trascurata, vive la sua vita in continuo movimento. La giornata del triatleta è scandita da un serrato programma di allenamenti che comincia ben prima che canti il gallo. Ha una tabella con su scritto i chilometri da fare, la media da tenere, quanto bere e a che ora fare la pipì.

A un osservatore superficiale può venire il dubbio che ci sia ben poco divertimento in tutto questo, ma bensì una ricerca forsennata della fatica. Una sorta di purgatorio cinetico per espiare a rate il peccato primordiale e portarsi avanti con il lavoro per quando un giorno si arriverà faccia a faccia con San Pietro.

Ma a parte i duri allenamenti, anche le scelte di vita del triatleta sono dettate da parametri ben precisi. L'appartamento dove vive deve trovarsi dal quinto piano in su senza ascensore. Gli spostamenti quotidiani per andare al lavoro devono essere compiuti in bicicletta, a piedi o strisciando. Il posto di lavoro deve trovarsi a più di trenta chilometri da casa con almeno tre colli da scalare. L'orario lavorativo non deve superare le sei ore settimanali, preferibilmente turni di notte.

La giornata tipo del triatleta accanito è:

Sveglia alle 3:45, corsa mattutina nel parco tra i venditori di erba che rientrano dal lavoro.

Rientro alle 7:05, qualche flessione sotto la doccia.

7:30 preparazione del "malloppone" proteico.

8:00 percorrere in bici i trenta chilometri per andare al lavoro.

8:50 arrivo sul luogo di lavoro, lavata di ascelle nel lavandino e flessioni sotto gli occhi stupiti dei colleghi.

11:00 fine della giornata lavorativa. Trenta chilometri per tornare a casa.

Pranzo a base di integratori e pasti in pillole da astronauta.

Sette minuti di micro-sonno indispensabili per il recupero. In caso di difficoltà ad addormentarsi, si può stimolare il riposo con una mazzata in testa data dalla moglie o dal vicino.

14:00 allenamento in bici, versione aero, inguainato in una tuta-preservativo in lattice blu.

Ore 18:00 nuoto. Quest'attività richiede uno sforzo logistico maggiore in quanto non tutti hanno la possibilità di vivere vicino al mare o al lago. Ricordiamo che il Triatleta odia la piscina. Mauro di Belluno, per esempio, nuota controcorrente nel fiume Piave, risalendo le rapide fino alla sorgente come un salmone. Beppe di Milano durante il lockdown ha nuotato per due mesi nella vasca da bagno

Ore 20:00 piatto lillipuziano di pasta con molecole di sugo. A seguire due minuti di contemplazione del fisico scolpito davanti allo specchio del bagno.

Ore 20:15 a letto. Ore 3:45 sveglia e così via.

Possiamo racchiudere tutti gli interessi al di fuori degli allenamenti nel rigo sotto.

...

Di seguito l'elenco dei libri letti in un anno.

...

Concerti, musica preferita, viaggi al di fuori delle competizioni.

...

È spesso forzatamente single per mancanza di tempo, ma ci sono anche casi di triatleti sposati.

La moglie del Triatleta è spesso munita di infinita pazienza e di sagome di cartone scala 1:1, raffiguranti il marito in diverse pose.

C'è la sagoma del marito a tavola, quella da usare alle riunioni scolastiche, con un sopracciglio inclinato e l'indice alzato in segno di rimprovero. Una sagoma con il calice alzato e il vestito elegante per matrimoni e comunioni.

Il Triatleta ha come argomento principale di conversazione il triathlon, dunque, nei rarissimi momenti di vita sociale, si accompagna forzatamente ai suoi simili. Insieme, discutono di gare, di chilometri settimanali, si contano gli addominali e brindano con il Gatorade.

Può capitare che un evento catastrofico, tipo pandemia o invasione aliena, possa interrompere gli allenamenti. In questo caso la dose quotidiana di dolore può essere sostituita dal cilicio sulla coscia o da dieci frustate al giorno da somministrare dopo i pasti.

C'è da dire che la forza e la determinazione del Triatleta, spesso accompagnata da ottime doti intellettuali ancora imballate nel cellophane, possono portare il nostro uomo a fare grandi cose nella vita reale. Un Triatleta medio può avere tutte le caratteristiche per andare sulla luna. Volendo, anche di corsa.

Il Tecnico

Il Tecnico si può trovare in ogni gruppo di ciclisti. Se i ciclisti sono più di due, possiamo essere certi che almeno uno di essi sia un Tecnico. Il Tecnico ha un approccio creativo e opera con materiali e strumenti di fortuna. Ho visto un Tecnico saldare un telaio in acciaio con una gomma da masticare. Costruire un filo del freno intrecciando i peli delle ascelle. Rattoppare una camera d'aria con resina di pino e un tovagliolo da bar.

Il tecnico va raramente in bici e lo si riconosce dalle gambe magre e dalla testa grossa. Parla una lingua composta da sigle, comprensibile solo dai redattori dei manuali di ricambi meccanici o dagli impiegati comunali specializzati in codici fiscali. Per esempio, Girolamo di Cuneo un giorno mi disse: «Con questo Sram xxr v11 dovresti montare un c9-42cpv con corpetto sw9v-da 32tt o un Xtr11-46tt con davanti un Xt34tt v9».

In caso di foratura il Tecnico si materializza in pochi secondi, spuntando da un cespuglio, da dietro il guardrail o calandosi con un paracadute. «Serve aiuto?» e prima che tu possa aprire bocca ha cambiato la camera d'aria, centrato le ruote, sistemato il cambio, misurato la pressione delle gomme e del ciclista.

I *ferri fanno il mastro* e, si sa, i vecchi proverbi non sbagliano mai. Il Tecnico gira con una minuscola borsa degli attrezzi, un buco nero dal quale tira fuori chiavi inglesi e cacciaviti. Nei casi in cui il danno alla bici è irreparabile, dentro la borsetta sottosella ha parcheggiata un'ammiraglia con due bici di scorta. In caso di incidente, riesce a montare una sala rianimazione portatile in meno di dieci minuti.

Una sottocategoria del Tecnico è il *commentatore seriale di forum*. Il sedere del tecnico commentatore non ha mai visto una sella di bici, ma in compenso passa intere giornate su una comoda sedia da scrivania. Il commentatore si aggira per tutti i forum di ciclismo dove risponde a ogni singolo quesito di natura meccanica. Intasa le pagine con valanghe di nozioni tecniche stalkerando gli utenti con commenti, messaggi privati e, in alcuni casi, appostamenti sotto casa.

Abbiamo poi il *tecnico illegittimo*. Orazio di Catania ha sessantacinque anni e ha passato almeno cinquant'anni a dispensare abusivamente consigli tecnici davanti le porte dei maggiori negozi di biciclette della città. Orazio si alza presto al mattino e arriva almeno un'ora prima dell'apertura delle officine meccaniche. Lì si prepara con le mani dietro la schiena e aspetta che arrivino i primi clienti. A pranzo torna a casa per uno spuntino veloce a base di parmigiana e spray lubrificante, per poi correre di nuovo in "ufficio". A poco servono le lamentele dei negozianti, Orazio non infrange nessuna legge in quanto la sua attività ONLUS, non essendo a scopo di lucro, non è stata valutata dal tribunale come concorrenza sleale.

Ma la sapienza del Tecnico non si limita solo alla parte meccanica, le sue competenze spaziano dall'alimentazione alla biomeccanica, dalla politica all'astrofisica, dalla botanica allo spurgo pozzi neri.

Spesso nella palese impossibilità di essere lui stesso l'esperto, fa riferimenti ad amici e parenti. Per esempio, se si parla di allattamento, lui ha una cognata con tre tette. Se si parla di allevamento ha un fratello fidanzato da due anni con una mucca della Valtellina. Se si parla di politica estera ha un cugino metà parrucchiere metà metallurgico incaricato personalmente della piega del riporto di Trump, che tra uno shampoo e una tinta gli confida i più segreti piani della CIA.

Spesso le sue asserzioni sono accompagnate da dimostrazioni pratiche.

Umberto di Udine, per mostrare agli amici come risolvere il dolore al ginocchio, una domenica si operò al menisco sul bordo della strada con una chiave multiuso.

Carlo di Linate, un ciclista domenicale con un normale cigolio alla catena, dopo 78 chilometri di fuga, è stato acciuffato dal tecnico di servizio lungo la Bergamo-Milano, a pochi chilometri dal cancello di casa sua. Legato al paletto del cancello automatico è stato vittima di un check-up alla trasmissione, oliatura e regolazione sella.

Negli ultimi anni la figura del Tecnico è minacciata dalla diffusione delle bici elettriche. Il motore elettrico spalanca il sipario su un mondo nuovo, un tremendo incubo di ioni di litio e centraline elettroniche. Misteriosi motori sigillati, impossibili da aprire, senza viti né fessure, come astronavi aliene atterrate per distruggere psicologicamente i tecnici di tutto il mondo.

I tecnici di vecchia generazione hanno subito danni emotivi a prova di elettroshock. I più giovani vivono ormai immersi nei manuali tecnici di elettronica. Pietro di settantatré anni, tecnico storico di Acicastello, si è riscritto a scuola per prendere il diploma di perito elettronico.

Il Mangia&Bevi

Diciamocelo chiaramente, dopo una bella pedalata ci si permette con più facilità qualche peccatuccio di gola, la fatica fatta assopisce i sensi di colpa e il nostro cannolo alla ricotta ha un dolce sapore di ricompensa.

Ma attenzione, c'è qualcuno che ha fatto di questo uno stile di vita, ed è il Mangia&Bevi.

Il Mangia&Bevi esce in diversi modelli.

Il Truffatore

Giacomo ha qualche chilo di troppo, giusto la cara pancetta da uomo adulto.

La moglie vuole che si iscriva in palestra, ma lui decide di comprare una bici e di dedicarsi anima e corpo alla nobile arte del ciclismo. Ha formato un gruppo amatoriale con tanto di maglie e logo, si chiama No Limit Sunday. Sono cinque amici, tutti animati dallo stesso fervore ciclistico. Il gruppo si riunisce la domenica mattina e, dopo un'abbondante colazione, si mette in marcia verso la collina.

Percorrono cinque chilometri con la media oraria di 2,5 chilometri all'ora, in pratica i moscerini gli sbattono da dietro.

Al sesto chilometro arrivano al parcheggio sotto i Monti Rossi, dove trovano il furgone di Mario, la colonna portante del gruppo, un idraulico esperto in perdite di lavandino e casalinghe annoiate.

Il furgone è carico da sfamare un esercito di barbari. Occorrono quarantacinque minuti per trasportare tutto all'area attrezzata.

In due ore vengono grigliati tre vitelli, un chilometro di salsiccia, quattordici polli e il labrador del custode. Il tutto annaffiato da due botti di Nero D'Avola, Zibibbo di Pantelleria, Amaro del capo e Rosolio alla cannella ritoccato con alcol etilico.

A fine pasto, dopo tre metri quadrati

di tiramisù, viene preparata una spaghettata aglio olio e peperoncino, per ammazzare la fame del pomeriggio.

Dopo tre ore di pennichella sotto i pini, i ciclisti si trascinano fino al parcheggio, dove caricano sei sacchi neri di spazzatura, le bici e si ritorna a casa.

Il Preciso

Riccardo è un tipo preciso. Ogni mattina prima di uscire in bici si attiene scrupolosamente alle indicazioni apposte sulle sue ruote. La Pneumatico Pirelli Race suggerisce minimo cinque bar, massimo otto bar. Sceglie sempre la massima opzione, dunque otto bar per la ruota anteriore più otto bar per quella posteriore fanno sedici bar. Sedici caffè e sedici brioche.

Il Contabile

Il Contabile è un commercialista delle calorie, calcola il consumo per chilometro, detrae il fabbisogno giornaliero e aggiunge l'IVA.

Il Contabile percorre mediamente 150 chilometri a uscita, per un consumo totale di cinquemila calorie. Queste vengono reintegrate svaligiando tutti i bar e le trattorie lungo il percorso.

Per fare un giro Catania-Siracusa andata e ritorno, per un totale di 160 chilometri, spende circa 220 euro. Calcolando il costo per chilometro gli converrebbe muoversi con un caccia bombardiere.

Il Turista

Liberto di Linguaglossa organizza tour enogastronomici ed è il presidente dell'associazione Pedale Di Vino. Il tour più gettonato è il giro dei Vini dell'Etna, una maratona alcolica dove i partecipanti pedalano per le cantine del territorio etneo.

A ogni partecipante viene fornito un pacco che contiene: una borraccia in legno a forma di botte riempita con un bianchetto padronale, un Oki, un casco, una barretta energetica con dentro un nodo di salsiccia ai funghi porcini.

Fermandosi a ogni osteria, cantina, venditore ambulante di vino, i ciclisti percorrono allegramente le trafficate strade siciliane. Sulla scheda tecnica il tour si presenta sotto la categoria "facile". Ma man mano che le cantine passano e le curve aumentano, il coefficiente di rischio diventa superiore al lancio con la tuta alare.

Con l'aumento del tasso alcolico e relativa andatura zigzagante, i partecipanti riescono a triplicare i trentacinque chilometri che separano la cantina di partenza da quella di arrivo, trasformando una semplice passeggiata in una prova di endurance etilica.

Nel tour del 2017, che fu famoso per una potentissima annata di Nerello Mascalese, due giovani partecipanti non arrivarono mai alla fine del giro. Furono ritrovati da *Chi l'ha visto*, tre anni dopo, sposati con due gemelle figlie della proprietaria dell'Osteria di Piedimonte.

Il Comodista

Se è vero che nel ciclismo è importante viaggiare leggeri, c'è un personaggio che invece non vuole rinunciare alle piccole comodità, ed è il Comodista.

Il Comodista lo riconosci dopo qualche ora, quando ti rendi conto che non è un camion di traslochi a pedali, ma un semplice ciclista.

Giulio di Colle Val d'Elsa si presentò all'appuntamento con la sua nuova bici da gravel. Era equipaggiata con tre valigie laterali, al posto della sella sedeva su un sofà Divani & Divani. Sul portapacchi aveva legato una cabina armadio con porta scorrevole e uno specchio a figura intera. Attaccato al manubrio un navigatore satellitare, spie, luci e leve di controllo da far impallidire un pilota di Boing747. Poco prima della partenza, a causa del peso, la bici collassò su se stessa e tutti i partecipanti al giro dovettero ricomporla. Come ogni puzzle che si rispetti, alla fine mancava qualche pezzo e si dovette adattare lo sterzo di una Panda 4x4 e la ruota anteriore del trattore di Pino dei Campi, ciclista agricoltore, famoso per usare nella borraccia diserbante verderame.

Dopo due chilometri Rocco disse: «Ho sete», Giulio aprì il frigobar e senza smettere di pedale gli preparò uno spritz.

Al quarto chilometro fece una pennichella legando un'amaca tra due ciclisti in fuga.

Al risveglio propose una pausa. Da una borsa tirò fuori la macchina da caffè professionale e su una panchina del lungofiume preparò cornetto e cappuccino per tutti.

Si aspettò per quarantacinque minuti che finisse il suo bagno caldo nella vasca portatile.

Dopo un'ora partì in giacca da camera e foulard, la vestaglia si impigliò nella catena e si dovette fare una deviazione a Rocco Martino, dove un sarto francese gli confezionò una vestaglia in seta con pantaloncino imbottito.

Sofia ama le ciclabili comode, come quelle Italo-tedesche con l'Autogrillen, dove si può trovare il Camogli con i crauti.

O la ciclabile di Montecarlo con campeggio-casinò dove è possibile piantare la tenda tra le slot machine, o la ciclabile di San Cataldo, che per un misterioso gioco "escheriano" ha un anello di 56 chilometri tutto in discesa.

Sofia ha pedalato anche la ciclabile sulla 5th Avenue a Manhattan, seguita da un convoglio di sette taxi gialli pieni di personal shopper.

In Vietnam ha percorso la ciclabile di Ho Chi Minh City su un risciò a noleggio con idromassaggio.

In Svizzera ha provato la Recumbent a baldacchino, ma ha mollato dopo due ore, quando al risveglio ha capito che dormendo la bici non va avanti.

Ha percorso in tandem la Lunga Via delle Dolomiti e durante il tragitto ha letto tutta la saga di Harry Potter.

Quando Sofia incontra un Triatleta o un Salitomane, gli appare sul volto un'espressione di incomprensione atavica, come la mucca che guarda passare il treno. Lo stesso sentimento di repulsione e curiosità che nutre per i serial killer. Ha la consapevolezza che nel mondo ci sono persone capaci di compiere gesti inspiegabili, ma non riesce a capire quale sia la molla che scatta nella loro testa.

Sofia invece va molto d'accordo con il Tecnico e con chiunque sia disposto a fare qualcosa al posto suo.

Il Comodista in generale è naturalmente single, abita in lussuosi appartamenti e, come Batman, vive e si confida con il suo maggiordomo.

Il Comodista stringe relazioni sentimentali di comodo. Va sempre a cena a casa del partner che, in questo caso, fa anche da autista. Si siede a tavola quando è già tutto pronto e alla fine della cena non sposta nemmeno una forchetta. In caso di pasto pesante, dopo l'amaro, il partner deve prenderlo in braccio e battere per un po' sulla schiena in attesa del ruttino. Prima di cominciare a fare sesso il partner lo riaccompagna a casa e, dopo aver consumato una comoda notte d'amore, gli canta una ninna nanna e gli rimbocca le coperte.

Il Comodista è l'immagine complementare del Family biker (vedi più avanti), che invece è completamente e letteralmente al servizio dei bisogni famigliari.

Nei rari casi di Comodista Family, il papà viaggia nel carrello e il bambino pedala.

Per il Comodista medio, la definizione di comfort è astratta e infinita, come il concetto di universo.

Le configurazioni e gli optional sono pressoché inesauribili e la comodità totale una chimera da raggiungere, il più comodamente possibile.

Il Naturalista

Il Naturalista rispetta ogni forma vivente: piante, insetti e animali. La sua alimentazione è principalmente "ariana": si nutre esclusivamente di grandi boccate d'aria. Se il Naturalista ariano vuole un piatto freddo apre il frigo e ingoia due boccate. D'inverno, nelle giornate di pioggia quando un pasto caldo fa sempre piacere, ciuccia aria dall'asciugacapelli. Il Naturalista ama tutti gli esseri viventi allo stesso modo, che sia un cucciolo di foca o la mosca tse-tse.

Angela di Salerno ha creato un Gruppo di recupero per zanzare, aperto principalmente nelle afose serate estive. Mette le zanzare in cerchio, le invita a parlare dei loro problemi e alla fine tira un gran pippone sui vantaggi del veganesimo.

Per la salvaguardia dei moscerini, il

ciclista Naturalista viaggia sempre con bocca e naso tappati e si ferma per fare un respiro ogni trentatré minuti, come la balena azzurra.

Angela di Rovereto è una ciclista Naturalista integrale e ha deciso di vivere senza vestiti, perché, si sa, anche il cotone mentre lo raccogli soffre. Dopo diversi anni di bici a chiappe nude, si è tramutata in una scimmia dal culo rosso e gli zoo di mezza America le hanno già fatto offerte a sei zeri.

Ma lei odia gli zoo, i canili, i guinzagli, gli acquari, le gabbie e ogni forma di reclusione animale.

È la fondatrice di Save the water e fa la doccia a secco in tintoria.

È fuori dal mercato di massa. Ha una bici ricavata da un campo di bambù cinese abbattuto dal vento e per mantenere intatto l'ecosistema iniziale, si trascina dietro anche il panda che ci viveva sopra.

Pino di Gorizia ha la tessera di Greenpeace, Marevivo, WWF, FAI. È di centrosinistra, ma ha forti sbandamenti fascisti quado si parla di punire chi butta le carte a terra.

All'inizio della sua carriera di attivista ambientale, per inaugurare la tessera di Legambiente, si incatenò a un albero sfoggiando il cartello «Salviamo prima i panda italiani». Ci vollero due mesi per convincerlo che Legambiente non aveva niente a che vedere con Bossi.

È fermamente convinto che le automobili siano il demonio, la causa primaria del declino del nostro pianeta e che l'uso dei mezzi a motore ci porterà al purgatorio: un posto dove i diavoli ti smarmittano in faccia e ti ingozzano di lassativi.

Pino dunque si muove esclusivamente in bici. Un giorno il suo amico Beppe, pensando di compiacerlo, annunciò di aver comprato una bici elettrica. Pino cominciò a schiumare dalla bocca, la testa gli roteò di trecentosessanta gradi e, in preda alle convulsioni, parlò il dialetto sardo al rovescio. Per farlo riprendere ci vollero un prete esorcista e due litri di acqua santa.

Quando riprese i sensi, biascicò che la produzione di elettricità tramite combustibili fossili è la causa primaria del buco nell'ozono.

Per evitare uso di materiali nocivi all'ambiente, Pino ha costruito da sé una bici ecologica. Telaio ricavato da un impasto di lattine di alluminio, ruote di legno prese da un carro di inizio secolo, sella in vimini. Frena strisciando i piedi nudi sul terreno e, non avendo sterzo, viaggia sempre dritto tagliando sentieri e spostando alberi a spallate.

L'età che avanza lo sta trascinando nel vortice dell'integralismo ambientale. Vaneggia sul fatto che le tracce delle ruote provocano dissesti idrogeologici e che milioni di insetti vengono schiacciati ogni giorno sulle ciclabili di tutto il mondo.

Insieme a Salvo, meccanico di scooter rubati, sta lavorando a un prototipo di bici che viaggia sospesa nell'aria come i treni giapponesi. Un progetto top secret che ha richiesto una grande attività di spionaggio industriale. Per due giorni ha sequestrato e torturato Chan, il cinese proprietario del negozio di materiale elettrico, senza riuscire a ricavare nessuna informazione.

La prima ipotesi fu quella di riempire gli pneumatici di rondini, ma fu subito scartata perché avrebbe funzionato solo a primavera. Poi provarono a gonfiare le camere d'aria con l'Elio, ma Elio non fu d'accordo.

Dopo anni di lavoro Pino e Salvo crearono la Mongoletta, un innesto tra una mongolfiera e una bicicletta, con la quale Pino sorvola felice i sentieri della Val di Susi.

Il Family Biker

Giangiorgio di Rovereto è un Family Biker, un essere a cinque teste e dodici ruote che emette un perenne sottofondo di campanello.

Arriva con il suo Multivan e una quantità di biciclette appese a ogni angolo, una via di mezzo tra un'installazione d'arte contemporanea e un tamponamento al Giro d'Italia. L'assemblaggio delle bici e i preparativi per la partenza possono prendere da qualche ora a diversi giorni. In caso di un'eventuale uscita con il Family Biker è consigliato dare appuntamento il sabato e presentarsi la domenica.

Oggi è una soleggiata domenica mattina, la carovana è quasi pronta. Giangiorgio traina un trailer con dentro Mattia e Niccolò, due gemelli di un anno che emettono un pianto a ultrasuoni in stereo Dolby Surround, udibile dalle valli vicine.

Dietro c'è Giulia, bimbetta bionda di sei anni con bici rosa a tema Frozen. Il suo record personale di permanenza in bici senza lamentarsi è di sei giri di pedale.

Poi viene Marco, nove anni, in sella alla sua BMX da acrobazie e casco RedBull. Lo scorso inverno è scivolato sul facilissimo sentiero del Pian Ino e si è sbucciato un ginocchio. Con le sue urla disumane ha provocato una valanga.

A seguire c'è Monica, un innesto genetico tra una tredicenne e TikTok. Perennemente con la testa dentro lo smartphone, pubblica la sua vita in diretta sui social. Questo le rende impossibile pedalare per più di due metri senza finire contro un albero o lanciarsi in un fosso.

Negli ultimi anni Giangiorgio ha sviluppato un metodo per farla arrivare sana e salva alla fine del giro. Scavato un solco lungo tutto il sentiero da percorrere, la incastra dentro come in una pista da bob.

Poi c'è mamma, Elisabetta, che affronta ogni passeggiata con lo stesso entusiasmo di un carcerato davanti alla sua lunga giornata ai lavori forzati.

A chiudere il gruppo c'è Pedro, un labrador in sovrappeso che si chiede se esiste un dio canino e, se sì, perché lo ha fatto capitare proprio in questa famiglia.

I membri della family si sistemano in fila indiana, allineati in un lungo, rumoroso treno a pedali. Prima del fischio di partenza ci si accorge che manca Pedro, e si pensa che sia andato avanti in esplorazione. Dopo mezz'ora Elisabetta lo trova acciambellato nel retro del Multivan.

La giornata promette bene, gli uccellini cinguettano, il tiepido sole di ottobre splende alto, la partenza è in pianura, leggermente in discesa.

Giangiorgio guida la spedizione verso il Lago nel Pagliaio, posto difficilissimo da trovare. Questo lago ha la capacità di sparire dalle mappe e nascondersi ai satelliti.

Dalla partenza sono stati percorsi ben 180 metri quando, dal fondo della fila, viene esclamata la frase che tutti i family temono, il tormentone del ciclismo in famiglia: «Devo fare la pipì». Ogni membro della famiglia chiede in media cinque soste pipì. Forse per spirito di imitazione del branco, anche il cane, per marcare il territorio, pretende che tutto il gruppo si fermi e lo aspetti mentre lui alza la gamba contro un albero.

Dopo venticinque soste in dieci metri, con le vesciche ormai spremute, sembra si stia procedendo più fluidamente. Giangiorgio è determinato a trovare il Lago nel Pagliaio, consulta una dettagliata cartina militare in scala 1:1, con la quale si incarta come un etto di prosciutto.

Passa agli strumenti digitali. Su Google Maps il lago effettivamente c'è, è ben visibile al centro di una matassa inestricabile di sentieri. Nonostante in linea d'aria disti solo poche centinaia di metri, il tempo di percorrenza in bici segnato da Google è di tredici anni e otto mesi.

Dopo meticolosi calcoli balistici, Giangiorgio individua una scorciatoia che dovrebbe portare dritti alle rive del lago, ma un attimo prima di ripartire Monica annuncia: «Mi scappa la cacca».

Se siete un Family Biker questa è una frase che non vorreste mai sentire. Per fare la pupù, non solo bisogna essere nascosti dallo sguardo indiscreto di qualunque essere animale o vegetale, ma l'area designata non deve mostrare il passaggio della civilizzazione. Posti perfetti per fare la pupù sono la parte centrale della foresta amazzonica o un angolo remoto delle isole inesplorate del Borneo. Per questo il bambino a cui scappa la pupù può camminare per ore nella fitta selva alla ricerca del punto giusto. La distanza che percorre è proporzionale alla sua età.

Quel giorno Monica partendo dalle montagne del Trentino ha camminato in linea retta per un tempo indeterminato, ha fatto la cacca, in diretta su TikTok, dentro un capannone industriale abbandonato della Pianura padana ed è ritornata quando ormai tutti i telegiornali la davano per dispersa.

Il Sognatore

Il Sognatore vive con le ruote tra le nuvole. Lo riconosci dallo sguardo perso nel vuoto, in volo verso mondi paralleli. Ha un sorriso rilassato che ti fa pensare a un abbondante uso di sigarette truccate, ma il più delle volte quest'aria beata è data da un profondo stato meditativo.

Sothis di Abbiate Grasso (ma lui preferisce dire che viene dalla Quarta Dimensione) ha la barba incolta, i dreadlock e un corpo mai toccato dal sapone.

Nel suo tragitto in bici per andare alla lezione di yoga, ha riflettuto sul settimo verso del Samayogi, si è scaccolato abbondantemente ed è passato sette volte con il rosso, attirando le maledizioni di automobilisti e pedoni. Ma Sothis ha un livello energetico così alto da non essere toccato dalle parole, che siano lodi o insulti. In sella alla sua bicicletta, sprigiona un'aura da *Dragon Ball*, libero dai condizionamenti sociali e mentali. Rispetta i codici morali e ignora quelli stradali. Sostiene che la bici non può essere soggiogata alle regole del mondo terreno. Dunque, per andare dal punto A al punto B traccia una linea retta immaginaria e la percorre soprappensiero, salendo sui marciapiedi, attraversando sensi vietati e pedoni. La sua guida, seppur al limite del vandalismo, ha una gentilezza coinvolgente, ogni sua pedalata esprime amore per il prossimo e il suo passaggio lascia una scia di buonumore e ascella sudata.

Durante i sette anni passati in Tibet, è diventato un maestro del pensiero positivo e del controllo della mente. Una delle sue massime più famose è: «Le più grandi invenzioni dell'umanità sono state concepite in sella a una bici o sulla tazza del water». Si dice che con la sola forza della pensiero riesca a trasformare le multe in petali di rose e che abbia il completo controllo di tutti i semafori di Sogno Monzese (quartiere di Quarta Dimensione). Per esempio per tutto il mese di dicembre li fa lampeggiare in modalità albero di Natale. Riesce a riparare una foratura o a regolare il cambio senza muovere un dito. Sostiene fermamente di poter pedalare sull'acqua, non volendo ammettere neanche a se stesso che il miracolo della scorsa estate fu in realtà un semplice giro in pedalò.

Sothis è l'ideatore, nonché unico membro, dell'Associazione per la Liberazione delle Sardine di Terra. Durante le ore di punta si aggira per tangenziali e circonvallazioni zigzagando tra le auto in coda. Lasciandosi guidare dal suo istinto sceglie un'auto. Senza il minimo preavviso apre la portiera, tira fuori il guidatore, lo abbraccia e lo bacia. Prende le chiavi dell'auto, le tira nel fiume o in un tombino. A questo punto il guidatore piange, a volte per la gioia di essere stato liberato, a volte per la disperazione, ma è comunque costretto a prendere coscienza della sua misera condizione esistenziale.

Negli anni Sothis ha sperimentato diverse reazioni, sono nate amicizie e storie d'amore, alcuni giorni è tornato a casa con il cuore pieno di grazia, altri con il setto nasale rotto. Ma nonostante tutto, ogni giorno alle tredici in punto, sole o pioggia, è lì per liberare il genere umano dalla prigionia, a elevarlo da sardina in scatola a uomo sognante.

Sothis ha un completo rifiuto per le nuove tecnologie. Per comunicare con gli altri sognatori manda foto e messaggi vocali telepatici. Sothis è anche vlogger, ha un programma tutto suo su Tele-Patia, una tivù telepatica locale dove promuove i benefici della bicicletta.

Ma Sothis è un attivista Sognatore e non può restare a guardare mentre i colossi informatici isolano le persone con il falso scopo di connetterle. Creano invidia e senso di inadeguatezza da compensare con acquisti compulsivi. Uomini e donne che nonostante il rispettabile portfolio di 4254 amici mangiano solitari tranci di pizza davanti ai reality.

Per cercare di arginare la questione, almeno nel suo piccolo paese, Sothis ha creato un social analogico. Il social consiste in un piccolo stand blu aperto su tre lati, piazzato al centro della popolatissima piazza di Sogno Monzese. Sothis siede su una delle due sedie e aspetta. Dopo un po' qualcuno si siede di fronte e gli chiede formalmente l'amicizia. Una volta confermata la nuova amicizia, i due si scambiano pubblicamente commenti, selfie con la bocca a culo di gallina e foto di piatti fumanti di cibo vario. I passanti volendo possono fermarsi a commentare e a dire se quello che vedono gli piace o meno. Dopo un po', se l'amicizia continua e se si instaura un feeling particolare, i due amici posso tirare una tenda e continuare in privato. Se l'amicizia va avanti ci si può vedere sul retro dello stand.

L'Hipster

Prendete un senzatetto degli anni Ottanta, mettetelo su una bici da cinquemila euro ed ecco a voi un Hipster Biker.

Detto così sembra semplice, ma lo stile dell'Hipster è qualcosa di molto elaborato, dietro ci sono una ricerca e un lavoro non indifferenti. Ogni strappo sui pantaloncini, ogni ciocca di capelli, ogni pelo di barba sono studiati a tavolino da un team di modaioli esperti e influencer.

Quando decidi di diventare un Hipster ti viene fornito un kit di sopravvivenza: una videocassetta di *Easy Rider* da imparare a memoria, dialoghi ed espressioni facciali inclusi; una forbice da bonsai per modellare la barba; un corso in VHS su come dire «no grazie sono vegetariano» senza sbavare davanti a una bistecca.

Si può ritenere a giusto titolo che gli Hipster non siano un'invenzione dei nostri giorni. Già negli anni Quaranta, giovani borghesi bianchi, probabilmente attratti dal gran successo che i giovani artisti di colore avevano con le ragazze, emulavano lo stile di vita dei musicisti jazz afroamericani.

Il termine Hipster allora veniva usato per indicare gli appassionati di jazz Bebop. Jack Kerouac li descrisse come *anime erranti portatrici di una speciale spiritualità.* Si vede che il caro Jack non aveva Instagram.

Sammy, all'anagrafe Simeone, bolognese, è un appassionato ciclista. Sessanta centimetri di barba con acuminati baffi all'insù, pericolosi per maglioni di lana e palloncini. Gira in sella alla sua Crusty bike, una bici prodotta in America da un genio che rivende vecchi catorci di bici anni Ottanta a prezzi astronomici.

Sammy è vegetariano con un passato che rasenta il cannibalismo, ha rinnegato le grigliate di carne e in pubblico si nutre esclusivamente di cibi macrobiotici. La sera fa un corso per capire cosa vuol dire la parola "macrobiotico".

Sammy è un tipo alternativo, nel senso che alterna le radici di soia del ristorante vegano a segrete grigliate hipster organizzate nelle catacombe. Porta degli occhialoni con montatura di tartaruga vegana, a volte anche senza lenti, visto che ha undici decimi di vista.

È un grande appassionato di jazz, conosce a memoria le biografie di tutti i grandi musicisti, ha una collezione di album jazz e prima o poi vuole provare ad ascoltare anche qualche brano.

Veste in modo semplice, solo abiti comprati al mercatino vintage dove si può acquistare un paio di jeans usati alla modica cifra di 1500 euro. Può sembrare un prezzo alto, ma per raggiungere questo livello di usura studiata, ci sono voluti diversi anni.

Alì fa questo lavoro. Viene pagato per indossare dei jeans nuovi su cui ci dorme per strada mesi interi, fa lavori di meccanica e carpenteria, litiga con i pitbull. Solo dopo diversi anni i jeans sono pronti per essere venduti.

Gli Hipster amano pedalare in gruppo, principalmente con altri Hipster che possano apprezzare i dettagli dell'ultima moda. Per questa uscita in bici del lunedì – un Hipster non uscirebbe mai la domenica in quanto troppo scontato – Sammy porta un cappellino Mapei, strappato in corsa a Bartali sul rettilineo finale del Giro d'Italia del 1962 e rivenduto all'asta su eBay. Indossa dei sandali in cuoio di soia, sgualciti e con la suola bucata. Per portarli a questi livelli di grazia, Ibrahim ci ha attraversato il deserto fino alla Libia.

Sammy non porta la maglietta. Solitamente pedala a torso nudo da giugno fino alle prime nevi invernali. Da gennaio a maggio si cura le polmoniti per poi ripartire con la bella stagione.

Sammy si sente soffocato dalle regole della società, la produttività a tutti costi, la scalata alla carriera. L'anno scorso si è licenziato dal suo impiego in un ufficio vendite per dedicarsi alla sua arte.

Così passa le sue giornate a creare, tra le matite colorate, sul suo album Coloriage di Peppa Pig.

Sin da piccolo la sua famiglia lo ha sempre appoggiato. Elogiandolo davanti agli altri genitori e mostrando orgogliosamente agli amici le piccole sculture fatte di caccole in esposizione permanente in sala da pranzo.

Anche adesso, il padre, nonostante non sia più così giovane, va regolarmente in edicola a comprare le nuove uscite di *Coloriamo Insieme* e non gli fa certo mancare i soldi per le matite e per il fumo.

Ma tra un mese Sammy entrerà ufficialmente nel mondo dell'Arte Contemporanea, avrà finalmente la sua prima mostra. Certo non è una *personale*, ma da qualche parte bisogna pur cominciare. L'opening sarà presso l'asilo per infanzia "L'albero di Dodò" e alle 19:00 verrà servito il cocktail a base di succo di frutta e merendine.

E ORA TOCCA A TE

che **tipo di ciclista** sei?

FAI IL TEST E SCOPRILO

Che tipo di ciclista sei? Puoi metterti alla prova con questo test, pensato (su basi poco scientifiche e molto ironiche) dall'autore e dalla redazione di Ediciclo. Naturalmente dentro di te (come dentro di noi) possono albergare più tipi di ciclisti, non già perché nutri tendenze schizofreniche, ma perché, a seconda della situazione, puoi trasformarti per esempio in un Mangia&Bevi (è sufficiente una spedizione con destinazione enogastronomica con gli amici), in un Family Biker (un figlio a carico e diventi subito schiavo dei bagagli, delle aree giochi e delle soste pipì) o in un Avventuriero (un viaggio a pedali anche di medie dimensioni e torni con la barba lunga e i cellulari intasati da foto che vuoi assolutamente condividere...). Il passo è breve.

Attraverso questo test però scoprirai che forse un tipo di ciclista ti si adatta meglio, ti rappresenta più degli altri. Quale? A te scoprirlo rispondendo ai seguenti dieci quesiti (segna la risposta che più si avvicina al tuo "sentimento").

1. Sei al quarantacinquesimo tornante dello Stelvio, in piena trance da salita, ti mancano tre tornanti all'arrivo, a cosa pensi?

a. Non vedo l'ora di scolarmi una birra.
b. Oh, no, è già finito!
c. Il cambio fa un lieve fruscio, devo controllarlo.
d. Devo scendere subito per riuscire a vedere il saggio di Carlotta.

2. Stai pedalando nel bosco, assieme agli amici. A un tratto uno di voi inforca un bivio e si perde. Cosa fai?

a. Non è un problema: hai inventato una app solo per il tuo gruppo di amici a pedali che ti consente di seguire il tracciato del disperso.

b. Non te ne curi: le uscite con gli amici sono delle gare mascherate da gite, vuoi arrivare primo.
c. Proponi di fermarvi ad aspettarlo facendo una seduta di meditazione.
d. Valuti se perderti anche tu: sarebbe un bell'aneddoto da raccontare.

3. Vacanza in Toscana, potrebbe essere l'occasione per qualche uscita in bicicletta. Tu:

a. Ti porti, in un carrello a parte, tre biciclette: quella per il gravel, la bici da corsa, la bici elettrica.
b. Progetti la visita in bicicletta a qualche cantina strategica.
c. Accarezzi l'idea di partecipare all'Eroica per sfoggiare il nuovo completo vintage che ti hanno regalato.
d. Fai il conto dei dislivelli che accumulerai.

4. La parrocchia organizza una maratona in bicicletta per beneficienza. Tu:

a. Non partecipi: non c'è nessun livello di difficoltà.
b. Iscrivi tutta la famiglia, compresi il cane, il gatto e la bisnonna.

c. Organizzi i punti di ristoro.
d. Proponi di abbinarla a un'azione di pulizia della strada, per ottenere due obiettivi in uno.

5. È il vostro anniversario e per celebrarlo:

a. Le/Gli proponi un viaggio in bicicletta a Capo Nord o in Patagonia.
b. Ti fai tatuare il suo nome sul bicipite.
c. Suggerisci l'acquisto di un tandem a scatto fisso.
d. Programmi una luna di miele a pedali e per questo acquisti quattro sacche da viaggio, una macchina fotografica automatica, un carrellino, un poncho da pioggia, la borsa per il manubrio, i pannelli solari, un cellulare satellitare, un kit sicurezza, gli occhiali con specchietto retrovisore incorporato e molto altro ancora...

6. Stai andando al lavoro in bicicletta ma a un certo punto buchi una camera d'aria. Tu:

a. Scendi dalla bici, te la carichi in spalla e corri perché stai superando il tuo record su questo tragitto.

b. Nessun problema: ne tieni di ricambio avvolte al busto, come i ciclisti d'antan.
c. Ti fermi, chiami in ufficio e ti prendi tutta la giornata.
d. Hai uno strumento di nuova generazione che ripara il buco e gonfia la camera d'aria all'istante.

7. Pedali in una stradina di campagna, quando sbuca un cane che ti corre incontro. Tu:

a. Scendi dalla bici, ti accucci, lo accarezzi e dialoghi con lui utilizzando il linguaggio canino che hai imparato da poco.
b. Fai tesoro degli insegnamenti appresi in Australia quando ti sei trovato davanti al Diavolo della Tasmania o sull'Himalaya, a tu per tu con lo Yeti.
c. Estrai dalla borsa frigo un prosciutto e glielo lanci.
d. Noti che assomiglia a Ugo, il bastardino che è scomparso da poco e valuti se adottarlo per calmare Nicola, il figlio di mezzo.

8. Ti trovi a Berbenno di Valtellina, in bicicletta. Hai davanti a te un muro al 25%. Tu:

a. Sorridi e sali sui pedali, euforico.
b. Ti aggiusti il ciuffo e ti scatti una foto davanti al cartello della pendenza.
c. Chiudi gli occhi per ascoltare le vibrazioni della terra.
d. Adocchi una baita e fai una deviazione per dedicarti a un bel piatto di pizzoccheri.

9. Sei nel negozio "Il paradiso del ciclista". Cosa compri?

a. Un campanello di *Me contro te* per tua figlia piccola.
b. Un nuovo modello di copertone fatto con gomma da masticare riciclata.
c. Un casco extralarge per contenere i dreadlock.
d. Una bici ultrapesante per allenare la spinta sui pedali.

10. Danno in televisione il Giro d'Italia. Tu:

a. Solo a guardarlo ti viene male alle gambe.
b. Studi i tempi dei primi dieci classificati, calcolando le loro medie e studiando la posizione che tengono.

c. Guardi solo le biciclette e critichi modelli o accessori.
d. Non lo guardi: sono dei dilettanti, rispetto a te che hai percorso il Salar de Uyuni in solitaria e hai scalato il Thorong La.

CALCOLA COSÌ IL TUO PUNTEGGIO:

Risposta 1
a. 25 punti
b. 5 punti
c. 15 punti
d. 40 punti

Risposta 2
a. 15 punti
b. 10 punti
c. 35 punti
d. 20 punti

Risposta 3
a. 30 punti
b. 25 punti
c. 50 punti
d. 5 punti

Risposta 4
a. 10 punti
b. 40 punti
c. 25 punti
d. 35 punti

Risposta 5
a. 20 punti
b. 45 punti
c. 50 punti
d. 30 punti

Risposta 6
a. 10 punti
b. 50 punti
c. 45 punti
d. 15 punti

Risposta 7
a. 35 punti
b. 20 punti
c. 30 punti
d. 40 punti

Risposta 8
a. 5 punti
b. 50 punti
c. 35 punti
d. 25 punti

Risposta 9
a. 40 punti
b. 35 punti
c. 45 punti
d. 10 punti

Risposta 10
a. 30 punti
b. 10 punti
c. 15 punti
d. 20 punti

RISULTATI

Fino a 155 punti:
SALITOMANE
Sei drogato di salite, vorresti abitare in un paese di montagna per poter stare sempre in piedi sui pedali. Hai un poster dei 48 tornanti dello Stelvio in camera, vicino al ritratto del Pirata.

Da 156 a 180 punti:
TRIATLETA
La fatica e il sacrificio sono pane per i tuoi denti. Non puoi restare senza allenarti. A volte ti capita di correre sul posto anche in ascensore.

Da 181 a 210 punti:
TECNICO
Hai la bicicletta preparata a puntino, nelle giornate di pioggia stai chiuso in garage a oliare, lucidare, auscultare... A volte anche in quelle di sole. Hai un consiglio e una soluzione per tutti.

Da 211 a 250 punti:
AVVENTURIERO
Guardi il mappamondo come un prigioniero guarda fuori dalla sua cella. Odi i viaggi organizzati, le comitive, i percorsi facili "per tutti". Ti fai tentare dall'inesplorato, dall'esotico, dal selvatico.

Da 251 a 285 punti:
MANGIA&BEVI
Non c'è fatica senza ricompensa. A volte esci in bicicletta solo pensando a quello che ti potrai concedere dopo, oppure organizzi tour enogastronomici ad hoc.

Da 286 a 310 punti:
COMODISTA
La fatica? È un concetto superato. Al giorno d'oggi ci si può muovere in tutta comodità, senza sudare, affidandosi a mille aggeggi tecnologici, scegliendo vie facili, alla portata di tutti.

Da 311 a 330 punti:
NATURALISTA
Ci si muove solo a piedi o in bicicletta, con il carburante prodotto dal proprio corpo. Meglio ancora se la bicicletta è prodotta con materiali riciclati o naturali, a impatto vicino allo zero.

Da 331 a 365 punti:
FAMILY BIKER
Sei un organizzatore nato. Riesci a mettere in sella miracolosamente comitive di anziani, adolescenti recalcitranti, bambini vivaci. Gli imprevisti sono il tuo pane quotidiano.

Da 366 a 395 punti:
SOGNATORE
La bicicletta è lo strumento supremo di libertà, un'icona del tuo essere senza confini. A volte, mentre pedali, sprofondi in uno stato di meditazione profondo. Meglio farlo in una pista ciclabile o in una *greenway*.

Oltre 396 punti:
HIPSTER
La bicicletta è di tendenza, è fashion. E dev'essere un tutt'uno con te. È espressione della tua creatività ed eleganza, del tuo essere perfettamente calato nel nostro tempo ma fuori dagli schemi.

Consigli di lettura personalizzati

Per il Salitomane

Non può mancare nella tua libreria:
A 48 tornanti dal paradiso
Stelvio, la salita che ti cambia la vita
di Fabrizio Scacchi

Per l'Avventuriero

I libri pubblicati nella collana **Altre Terre** *sono tutti reportage di viaggi a pedali. Puoi fare la conta, come con le figurine - "ce l'ho manca...", e lasciarti ispirare per i viaggi da mettere in cantiere.*

Per il Triatleta

Ti conviene leggerlo con un taccuino per prendere appunti:
Pedalare bene
Il posizionamento in bicicletta, la scelta del telaio e dei componenti, il gesto e l'uso sequenziale del cambio rapporti
di Zeno Zani

Per il Tecnico

Prova a vedere se c'è qualcosa che non sai qui:
Guida pratica alla manutenzione della bicicletta da strada
di Emilio e Martino Scavezzon, e Stefano Zampieri

Per il Mangia&Bevi

Potresti leggerti il simpatico:
Dalla padella alla bici
50 ricette per fughe golose
di Roberto Peia e Francesca Baccani
che suggerisce un abbinamento tra l'andare in bicicletta e delle ricette culinarie ad hoc.

Per il Comodista
La collana **Treni&Bici** *potrebbe fare al caso tuo, ma anche tutti i volumi della collana "Cicloguide", dove puoi trovare itinerari in sicurezza e a volte addirittura in discesa!*
In alcuni, c'è pure un servizio di trasporto bagagli... informati!

Per il Naturalista
C'è un nostro autore che ha compiuto un super viaggio su una bicicletta molto ecologica. La sua impresa la trovi qui:
La bicicletta di bambù
8371 km dal cuore dell'Africa Nera alle Paralimpiadi di Londra
di Matteo Sametti

Per il Family Biker
Oltre alle nostre proposte per il cicloturismo (collane **Ciclo-guide**, **Pocket**...*) ti consigliamo l'utilissimo:*
Bimbi in bici
Consigli e buone pratiche per pedalare in famiglia
di Roberto Furlani e Silvia Malaguti

Per il Sognatore
Yoga per ciclisti
di Lexie Williamson
un libro che suggerisce degli esercizi di yoga per migliorare le tue performance a pedali.

Per l'Hipster
Un libro che potrebbe stuzzicare la tua mania per il fashion vintage a pedali:
Le maglie leggendarie del ciclismo
Le storie dei campioni e delle squadre che le hanno indossate
di Sidwells Chris

Stampato in Italia per conto di
Ediciclo Editore, Portogruaro, Venezia

FSC
www.fsc.org
MISTO
Carta da fonti gestite
in maniera responsabile
FSC® C016473